Début d'une série de documents
en couleur

Louis GUIBERT

LE CONSULAT

DU

CHATEAU DE LIMOGES

AU MOYEN AGE

LIMOGES

IMPRIMERIE ET LIBRAIRIE LIMOUSINE

Ve H. DUCOURTIEUX

Libraire de la Société archéologique et historique du Limousin

7, RUE DES ARÈNES, 7

1895

OUVRAGES DU MÊME AUTEUR :

Le Château de Châlucet (avec un plan). — Limoges, Sourilas-Ardillier, 1863 (2e édit., revue et augmentée, 1871).

Crucifixa. — Paris, Dentu, 1863.

Rimes franches. — Paris, Librairie centrale, 1864.

Dolentia. — Paris, Librairie centrale, 1865.

Légendes du Limousin. — Paris et Tournai, Casterman, 1864 et 1866.

Limoges et le Limousin. — Paris et Tournai, Casterman, 1868 et 1875.

Quelques notes sur la surveillance légale, lettre à un député. — Paris, F. Henry, 1870.

Les Employés de Préfecture — Paris, F. Henry, 1870.

L'Assemblée du 8 février et la Loi électorale. — Lyon, Josserand, 1871.

Un Journaliste Girondin. — Limoges, Sourilas-Ardillier, 1871.

De la Grève, du Travail et du Capital, conférence faite à une Association ouvrière de Lyon, le 30 mai 1870 (extrait de la *Décentralisation*). — Lyon, Josserand, 1871.

Questions électorales. — Paris, E. Lachaud, 1871.

Notes de Voyage (Mauvais jours, Ex intimo, Poésies diverses). — Paris, E. Lachaud, 1872.

La Crise des subsistances et les emprunts de la période révolutionnaire à Limoges (extrait de l'*Almanach limousin*). — Limoges, Ve Ducourtieux, 1873.

Monuments historiques de la Haute-Vienne, rapport de la Commission de la Société archéologique et historique du Limousin (extrait du *Bulletin* de cette Société). — Limoges, Chapouland frères, 1874.

Assurances sur la Vie, notions pratiques. — Limoges, Ve Ducourtieux, 1876.

Une page de l'histoire du Clergé français au XVIIIe siècle. Destruction de l'ordre et de l'abbaye de Grandmont. Carte des maisons de l'ordre. — Limoges, librairie Ve Ducourtieux et Paris, librairie Champion, 1877. 1 vol. in-8° (*Épuisé*).

Rimes couleur du temps. — Paris, Dentu, 1877.

Sceaux et armes de l'Hôtel-de-Ville de Limoges. Sceaux et armes des villes, églises, cours, etc., des trois départements limousins. 1re et 2e parties. — Limoges, Ve Ducourtieux, 1878.

Le Parti Girondin dans le département de la Haute-Vienne (extrait de la *Revue historique*). — Paris, 1878.

Les Pénitents (extrait de l'*Almanach limousin*). — Limoges, Ve Ducourtieux, 1879.

Les Confréries de Pénitents en France et notamment dans le diocèse de Limoges. (avec un dessin) — Limoges, Ve Ducourtieux, 1879.

Coutumes singulières de quelques confréries et de quelques églises du diocèse de Limoges. — Limoges, Chapouland frères, 1879.

Anciens registres des paroisses de Limoges. — Limoges, Chapouland frères, 1881.

France ! chants, poèmes et paysages (avec MM. G. David, A. Hervo, P. Mieusset et A. Tailhand). — Paris, P. Ollendorff, 1881.

Les Hôtels-de-Ville de Limoges (extrait de l'*Almanach limousin*). — Limoges, Ve Ducourtieux, 1882.

Le Livre de raison d'Etienne Benoist (1426). Avec un fac-similé. — *Ibid.*, 1882.

L'Orfèvrerie limousine au milieu du XVIIe siècle (extrait du journal l'*Art*.) Paris, 1882.

Les Dettes de la ville de Limoges et le Conseil municipal. — Limoges, A. Ussel et G. Tarnaud, 1882.

L'Eau de ma Cave, deuxième lettre à la municipalité et au Conseil municipal. — Limoges, A. Ussel et G. Tarnaud, 1882.

Le Tombeau de Guillaume de Chanac, à Saint-Martial de Limoges (extrait du *Cabinet Historique*). Paris, Champion, 1882. — Réédition, Tulle, Crauffon, 1883.

La Famille limousine d'autrefois, d'après les testaments et la Coutume. — Limoges, librairies Ve Ducourtieux et Leblanc, 1883.

Quelques notes extraites du Cartulaire d'Aureil. — Tulle, Crauffon, 1883.

Les Corporations de métiers en Limousin et spécialement à Limoges (extrait de la *Réforme sociale*). — Paris, 1883.

Les Confréries de dévotion et de charité et les œuvres laïques de bienfaisance à Limoges, avant le XVe siècle (extrait du *Cabinet historique*). — Paris, Champion, 1883.

Le Prédicateur Menauld (extrait de l'*Almanach limousin*). — Limoges, Ve Ducourtieux, 1884.

Commentaires d'Etienne Guibert sur la Coutume de Limoges (1628) avec une note sur les différents textes de cette Coutume. Limoges, Société générale de papeterie, 1884.

Le Bénédictin Dom Col en Limousin. — Limoges, Ve Ducourtieux, 1884.

La Ligue à Limoges (1589). — Limoges, Ve Ducourtieux, 1884.

Journal du Consul Lafosse (1649). — Limoges, Ve Ducourtieux, 1884.

Registres Consulaires de la ville de Limoges, 1508-1740, publié sous les auspices de la Société archéologique et historique du Limousin : publication commencée par M. Émile Ruben, secrétaire général de cette Société et continuée par M. L. Guibert, vice-président (le sixième et dernier volume est sous presse).

L'Orfèvrerie et les Orfèvres de Limoges (dessins). — Limoges, Ve Ducourtieux, 1885.

La Corporation Limousine : ses caractères, son rôle, phases principales de son histoire. Rapport présenté au Congrès des œuvres catholiques tenu à Limoges (août-septembre 1885). — Extrait de *La Controverse et le Contemporain.* — Limoges, V° Ducourtieux, 1885.

Sceaux et Armes des deux villes de Limoges et des villes, églises, cours, etc. Supplément. — Limoges, V° Ducourtieux, 1885 (dessin de M. Bourdery).

Les Émigrés Limousins à Quiberon. — Limoges, V° Ducourtieux, 1885.

Des formules de date et de l'époque du commencement de l'année en limousin. Tulle, Crauffon, 1886.

Les Enclaves Poitevines du diocèse de Limoges (carte). — Limoges, V° Ducourtieux, 1886.

Les Foires et Marchés limousins aux xiii° et xiv° siècles (extrait de l'*Almanach limousin.* — Limoges, V° Ducourtieux, 1886.

Le Limoges d'autrefois, sa physionomie, ses habitants, ses mœurs, ses institutions. — Limoges, V° Ducourtieux, 1887.

Châlucet (6 dessins de M. F. de Verneilh et plan). — *Ibid.*, 1887. un vol. in-8°.

Les Tours de Châlucet (6 dessins de M. F. de Verneilh et plan). — *Ibid.*, 1887.

La Société archéologique de Limoges à l'Exposition de Tulle, dessin de M. Louis Bourdery). — *Ibid.*, 1887, in-18.

Le Budget de la ville de Limoges au moyen-âge — *Ibid.*, 1888, in-18.

La dette Beaupeyrat. — *Ibid.*, 1888, in-18.

Le Livre de Raison des Balue. — *Ibid.*, 1888, in-8°.

L'orfévrerie et les émaux d'orfévre à l'Exposition de Limoges, en 1886. — *Ibid.*, 1888. in-8° (2 dessins).

Peintures murales de l'église de Saint-Victurnien. — *Ibid.*, 1888, in-8° (dessin).

L'École monastique d'orfévrerie de Grandmont et l'autel majeur de l'église abbatiale. — *Ibid.*, 1888, in-8°.

Exposition rétrospective de Limoges, 1886. — Photographies par Mieusement, texte par L. Guibert (50 planches). Paris, G. Chamerot, in-fol., 1887.

Un mariage à Limoges en 1687. — Limoges, V° Ducourtieux, 1887 (deux éditions).

Exposition de Limoges : L'Art rétrospectif, par MM. L. Guibert et Jules Tixier, — *Ibid.*, 1888 (104 planches).

Le Graduel de la Bibliothèque de Limoges, (extraits du *Bulletin du Comité des travaux historiques*). — Paris, 1888.

Livres de raison, Registres de famille et Journaux individuels limousins et marchois, (publ. avec le concours de MM. A. Leroux, P. et J. de Cessac et l'abbé Lecler). — Limoges, V° Ducourtieux et Paris, Alph. Picard, 1888.

Anciens statuts du diocèse de Limoges (extrait du *Bulletin du Comité des travaux historiques*). — Paris, E. Leroux, 1889.

L'Instruction primaire en Limousin sous l'ancien régime. — Limoges, V° Ducourtieux, 1889.

Les Cahiers de la Marche et du Limousin en 1789. — *Ibid.*, 1889.

Monuments historiques de la Haute-Vienne Rapport de la Commission nommée par la Société archéologique du Limousin. — *Ibid.*, 1889.

Association des anciens élèves du Lycée de Limoges. Banquet du 27 novembre 1889. Toast au Lycée de Limoges. — *Ibid.*, 1890.

Notice sur le Cartulaire de l'abbaye cistercienne d'Obazine. — Tulle, Crauffon, 1890.

Les syndics du commerce à Limoges. — Limoges, V° Ducourtieux, 1890.

Les communes en Limousin, du xii° au xv° siècle (extrait de la *Réforme*). — *Ibid.*, 1891.

La commune de St-Léonard de Noblat au xiii° siècle (plan). — Limoges, V° H. Ducourtieux, et Paris, Alph. Picard, 1891.

Les Institutions privées et les Sociétés d'économie, d'épargne et de crédit à Limoges (extrait de la *Réforme sociale*). — Paris, Société d'Économie sociale, 1891.

De l'importance archéologique des Livres de raison (Congrès de la Société française d'archéologie tenu à Brive en 1890). — Caen, Henry Delesques, 1891.

Le troisième mariage d'Étienne Benoist. — Limoges, Ducourtieux, 1892.

Les Manuscrits du Séminaire de Limoges (notice et catalogue). *Ibid.*, 1891.

La monnaie de Limoges. — *Ibid.*, 1893.

Collections et collectionneurs Limousins : la collection Taillefer. — *Ibid.*, 1893 (un dessin de M. Jules Tixier).

Les premiers imprimeurs de Limoges. — *Ibid.*, 1893.

Lunon : topographie, archéologie, histoire (plan). — *Ibid.*, 1893.

Nouveau recueil de Registres domestiques Limousins et Marchois, avec le concours de MM. Alfred Leroux, J.-B. Champeval, l'abbé Lecler et Léonard Moufle. Tome 1er. — *Ibid.*, 1895.

Ce qu'on sait de l'enlumineur Evrard d'Espinques. — Guéret, Amiault, et Limoges, V° H. Ducourtieux, 1895.

Les anciennes confréries de la basilique de Saint-Martial. — *Ibid.*, 1895.

Ce que coûtait au xiv° siècle le tombeau d'un cardinal. — Paris, Plon, Nourrit et Cⁱᵉ, 1895.

Limoges. — Imp. V° H. Ducourtieux, 7, rue des Arènes.

Reliquaires limousins. Tulle 1895

Voy. Parelon (Paul) Chansons
préface de : Bazin (Jos.) Mélanges religieux

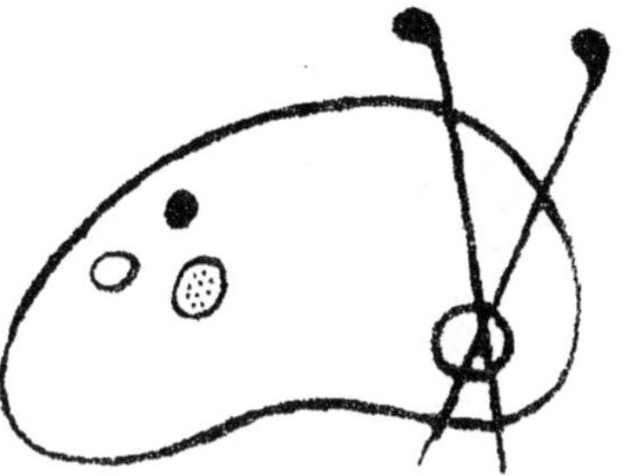

Fin d'une série de documents
en couleur

LE CONSULAT

DU

CHATEAU DE LIMOGES

AU MOYEN AGE

Louis GUIBERT

LE CONSULAT

DU

CHATEAU DE LIMOGES

AU MOYEN AGE

LIMOGES
IMPRIMERIE ET LIBRAIRIE LIMOUSINE
Vᵉ H. DUCOURTIEUX
Libraire de la Société archéologique et historique du Limousin
7, RUE DES ARÈNES, 7

1895

LE CONSULAT DU CHATEAU DE LIMOGES

Au moyen âge

La liberté est la meilleure condition du développement de l'activité humaine, et elle devient, par cela même, l'objet d'une aspiration de l'âme qu'aucune force ne saurait complètement refouler. Aussi, partout où la personnalité de l'homme n'a pas été dégradée par l'esclavage ou déprimée par la doctrine du fatalisme, à toutes les périodes de la vie des peuples où quelque grande catastrophe n'a pas brisé pour un temps le ressort des volontés et découragé les élans des cœurs, l'histoire trouve-t-elle l'individu à la recherche des moyens qui peuvent lui procurer cette liberté et des institutions de nature à lui en assurer la jouissance.

Les générations qui nous ont précédés sur le sol français ont, comme nous, éprouvé ce besoin impérieux de notre nature, et se sont efforcées d'y donner satisfaction, si peu favorables que parussent à leur entreprise le temps et le milieu où les avait fait naître la Providence. Ce sera un des titres d'honneur de l'érudition contemporaine d'avoir, par des enquêtes précises instituées sur tous les points du territoire, éclairé ce côté de l'histoire nationale ; constaté que nos pères ont poursuivi, approché, atteint souvent l'objet de leurs aspirations ; montré enfin au prix de quels sacrifices de sang et d'argent, de quel courage, de quel dévouement, de quelle diplomatie patiente, de quelle persévérante énergie, ils ont amélioré leur condition sociale et politique. Ils la transformèrent parfois à un tel point que nous, hommes du XIXᵉ siècle, vivant au sein d'une société que pénètre et gouverne l'idée démocratique, nous sommes contraints d'admirer la largeur pratique de leur indépendance et la somme considérable de leurs libertés.

Au moyen âge, les travailleurs de la terre, épars sur le sol, isolés dans leur pensée comme dans leur tâche quotidienne, parais-

sent n'avoir ressenti que vaguement et par intermittence le désir
de se soustraire à l'autorité du seigneur ; mais les commerçants qui
formaient l'élément le plus actif, le plus remuant, le plus agglo-
méré aussi de la population, durent rêver de bonne heure un champ
plus vaste à leur initiative, une protection plus large et plus souple
à la fois, plus attentive et plus immédiate aussi, que celle assurée,
à tous les échelons de la hiérarchie, par l'organisation féodale. Ils
mesurèrent toute la puissance de l'association, qui réunirait en un
faisceau leurs activités isolées et de toutes leurs faiblesses groupées
ferait une force. Ils travaillèrent sans relâche, tantôt en plein jour,
tantôt dans l'ombre, à réaliser leur dessein hardi, et le douzième
siècle vit, non sans surprise ni sans résistance, éclater et s'épanouir
le grand mouvement communal dont la période antérieure avait à
peine perçu l'obscure élaboration.

Etabli au pied des remparts de la Cité épiscopale, groupée foyer
à foyer sous la crosse de l'abbé de Saint-Martial et sous la protection de la franchise et des privilèges de l'illustre église, la population
du bourg qui devint le Château de Limoges se composa d'abord de
serviteurs, de clients du monastère, de commerçants industrieux,
tirant leurs ressources des pèlerins et des voyageurs. On constate
l'existence de cette nouvelle ville peu après que le flot des dernières incursions normandes s'est retiré. L'abbé Etienne, qui gouverne de 919 à 934 la communauté, songe à protéger, en même
temps que l'abbaye et le sépulcre de l'apôtre d'Aquitaine, cette
colonie fixée sur sa terre : le simple mur d'enceinte du couvent et
de ses dépendances, mentionné par plusieurs textes avant cette
époque, s'élargit et se transforme ; des portes fortifiées s'élèvent à
ses deux extrémités. Le nombre des habitants sans cesse augmente :
leur trafic sans cesse s'étend et s'accroît. A côté des *vigerii*, des
causarii, titulaires d'offices révocables ou de véritables fiefs, et
dont les droits ou les fonctions sont probablement antérieurs à ceux
des vicomtes sur les terres de Saint-Martial, il dut exister de bonne
heure des officiers ou des syndics pris dans la population elle-
même, sinon choisis par elle, pour pourvoir à certains intérêts
que l'abbé et ses agents n'étaient pas en mesure de servir. Aucun
témoignage historique ne mentionne ce rudiment de magistrature
locale ; mais la nature et la force des choses l'ont fait surgir à Limoges comme au sein de toutes les agglomérations de quelque
importance. Les liens très forts qui rattachèrent jusqu'à une
époque rapprochée de nous, le Consulat au Sépulcre même de
Saint-Martial, d'où était pour ainsi dire sortie la nouvelle ville, —
les manifestations traditionnelles et caractéristiques d'amour dé-
voué et de filial respect portés de tout temps à l'apôtre d'Aquitaine

par les magistrats de la Commune, le cérémonial observé encore au
xviii⁰ siècle lors de l'élection des officiers municipaux, feraient
supposer que peut-être une confrérie établie auprès du tombeau
du premier Evêque de Limoges fut la forme originaire, la première enveloppe ou le premier déguisement si l'on veut de la
commune du Château, et que les bailes de cette association exer-
cèrent les premiers l'humble magistrature appelée à acquérir
plus tard une si pleine autorité : simple hypothèse, mais qui se
présentera avec un certain caractère de vraisemblance à l'esprit
de toute personne familière avec mainte particularité de notre histoire municipale et de l'organisation de nos confréries.

Rechercher l'origine de la commune du Château, de ses établis-
sements, de sa magistrature, dans les institutions et les traditions
directes de la période gallo-romaine, serait, croyons-nous, faire
fausse route. Le nouveau Limoges est une ville sans passé ; sa population a été formée en très grande partie d'étrangers à la Cité et à
sa banlieue. Beaucoup de noms de famille, aux xii⁰ et xiii⁰ siècles,
attestent l'extranéité d'origine de ceux qui les portent ; et bien que
nul n'ait jamais pu citer un texte antérieur au xvi⁰ siècle, mention-
nant la colonie vénitienne établie autour de l'abbaye de Saint-
Martin, nous admettrions sans peine que les négociants de Montpellier et autres agents, soit des comptoirs des bords de la Médi-
terranée, soit des entrepôts intermédiaires entre la mer et Limoges,
aient fourni un apport notable à la population du bourg et contribué
non seulement à l'extension de son commerce et au développement
de sa prospérité, mais à la formation même du premier noyau de
ses habitants.

Que ces étrangers aient apporté certains souvenirs ou même une
certaine expérience des institutions municipales d'antique origine
dont la pratique pouvait s'être, dans une mesure plus ou moins
large, conservée ailleurs ; que, dans la Cité même de Limoges, aient
subsisté quelques restes de ces institutions, il n'y aurait à cela rien
d'impossible. Ce qu'on peut constater, c'est que, dès la première
moitié du xii⁰ siècle, la population du bourg de Saint-Martial cons-
titue un organisme particulier, ayant son activité propre et ses
magistrats spéciaux. Ses chefs portent dès lors le nom de consuls.
Ce sont eux, semble-t-il, qui forment, en 1127, ce tribunal des
bourgeois du Château, devant lequel un acte du cartulaire de saint
Etienne nous montre plaidant Eustorge, évêque de Limoges ; c'est
à eux en tous cas, que s'adresse, entre 1116 et 1143, Amblard, abbé
de Saint-Martial, pour faire construire une enceinte mieux fortifiée
et creuser les fossés qui en défendront l'approche.

Presque partout en effet, pourvoir à la fortification et à la défense de la ville est la première et la plus essentielle des attributions dont sont investis les chefs des communautés bourgeoises. Qu'ils se soient eux-mêmes donné cette tâche, ou qu'elle leur ait été imposée par le seigneur (ce qui s'est le plus souvent produit), une telle charge emportait avec elle des droits considérables, de précieuses prérogatives : le soin par exemple de prescrire et de régler l'ouverture et la fermeture des portes, la haute main sur le service du guet, l'organisation et le commandement de la Commune armée, la garde de l'arsenal commun, l'inspection des armes et des équipements des citoyens, enfin la faculté de lever sur tout habitant de la ville, même noble, sur tout immeuble compris dans son territoire, fût-il bien d'église, une taille, une contribution pour la construction et l'entretien des remparts, tours, portes, fossés, pour leur garde et pour leur défense. Les magistrats du Château sont en possession de tous ces droits, et fait remarquable, ils en ont dès les premières années du xiiie siècle la jouissance si incontestée qu'après de longs démêlés sur la quotité de la contribution à payer par l'abbaye pour l'entretien des murailles, une transaction intervient en 1212 entre l'abbé et les consuls, sous les auspices de l'archidiacre Gui, pour fixer à forfait le montant de ce concours.

D'autres attributions ont dû précéder celles-ci, attributions de police et de voirie que nos consuls possèdent au xiiie siècle : conduite des fontaines, construction des égoûts, pavage, entretien et propreté des rues, délimitation du domaine public et préservation de ce domaine contre les empiétements des particuliers ; détermination des alignements pour les constructions privées ; répression des rixes et voies de fait ; mesures à prendre en cas d'épidémie, de sinistre, de danger public ; surveillance de l'emploi, par certaines associations charitables, des rentes provenant de legs et affectées à certaines œuvres.

Le Château de Limoges a eu de bonne heure ses foires et ses marchés, placés d'abord sous la surveillance des officiers de l'abbaye, puis sous la police des consuls. Ceux-ci non seulement ont la juridiction des poids et mesures, qu'ils vérifient et qu'ils étalonnent sur les types de la ville ; mais ils tiennent la main à la loyauté des ventes, saisissent les marchandises mal confectionnées, les denrées de mauvaise qualité, les animaux dont la consommation pourrait offrir des dangers pour la santé publique. Ils sont juges de commerce, donnent une sorte d'investiture aux bailes et aux syndics des métiers, exercent la haute police sur toutes les professions, désignent un prud'homme pour contrôler le monnayage ; on les voit prohiber certaines interventions abusives dans les marchés, défendre ou restreindre à des cas déterminés le paiement de commissions aux courtiers et aux hôteliers. On les voit même interdire à tel ou tel habitant de se joindre aux caravanes de négociants qui, parties de Montpellier, grossies d'escouades de bourgeois de toutes les villes commerçantes jalonnant leur itinéraire, allaient, sous l'autorité de leurs capitaines, vendre aux foires de Champagne et plus loin encore, sur les grands marchés des pays du Nord, les produits de l'Orient et les marchandises du Midi.

Simples arbitres au début, les consuls ont vu d'abord leurs concitoyens solliciter et accepter pour le règlement de mainte affaire domestique, de maint litige commercial, leur sentence, dépourvue cependant de valeur légale et de sanction. Ainsi a commencé à s'établir dans les usages, dans les mœurs, cette juridiction qui doit un jour se substituer à celle du seigneur ; ce rôle d'arbitre augmente peu à peu d'importance. Un jour vient où les arbitres se changent en juges et où la coutume, puis la tolérance ou l'adhésion du seigneur donnent à leurs arrêts force de loi. Voilà les chefs de la Commune rendant la justice ou la faisant rendre par leurs préposés avec la même solennité, dans les mêmes formes que les magistrats féodaux ou royaux. Les voilà ayant leurs sergents et leurs prisons, leur pilori, leur gibet, leur exécuteur des hautes œuvres.

Et, la prérogative du souverain réservée, ils sont les seuls maîtres et les seuls seigneurs derrière leurs murailles, à ce point qu'en 1426, un des leurs ayant oublié ses devoirs et traité secrètement avec le lieutenant général du vicomte, ils le font arrêter, mettre à la question, juger par leur prévôt criminel, le livrent au bourreau et placent la tête du malheureux et les lambeaux de son corps sur des piques, au-dessus des portes de la ville, pour servir d'avertissement aux traîtres... On les appelle « les seigneurs consuls » ; à leurs ordres seuls on défère ; entre leurs mains seulement on jure obéissance et fidélité. Aucun groupe, aucun corps ne doit lier ses membres entr'eux par le serment ; il est défendu aux métiers de se concerter ensemble, aux cantons de former des ligues et de porter ainsi atteinte à l'équilibre de la constitution municipale, au jeu régulier des divers organes de la petite république. Il y a, dans le Château de Limoges, une seule société : la Commune, et les membres de cette société doivent être unis par un seul lien : le serment du consulat, vrai serment de vassal à seigneur, prêté chaque année, aux nouveaux élus, par tous les habitants âgés de plus de quatorze ans. Les engagements du reste sont réciproques : les consuls, en présence des magistrats sortants, du Conseil et de la population, jurent de leur côté, sur l'évangile à couverture d'argent de la sacristie de Saint-Martial, qu'on apporte encore lors de chaque élection à l'hôtel de ville dans la seconde moitié du xvmᵉ siècle, — d'être bons et loyaux à la ville, de la conserver au souverain, d'éviter qu'elle éprouve aucun dommage, de veiller à ses intérêts, de n'agir jamais par faveur ou par haine et de rendre bon compte de leur gestion au terme du mandat confié à leur honneur.

Dans les institutions comme sur les monuments, sans cesse on retrouve, au moyen âge, les pieuses évocations du symbolisme chrétien : les corps de métier du Château sont au nombre de trente-trois, en souvenir des trente-trois années que passa Jésus-Christ sur la terre ; le collège consulaire est composé de douze membres, comme le collège des apôtres. Ces douze magistrats (peut-être ne furent-ils que dix à l'origine) sont égaux entr'eux, et aucune prérogative ne les distingue l'un de l'autre. Tous portent uniformément la robe noire et le chaperon rouge, insigne de leur dignité. Néanmoins comme ils sont à tour de rôle de service à l'hôtel de ville pour l'expédition des affaires courantes, on donne, pendant la durée de cette mission — quinze jours ou un mois suivant les époques — à celui qui en est investi, le titre de *prévôt-consul*. Le prévôt-consul représente, au cours de son mandat, le corps municipal tout entier ; il marche ou chevauche à sa tête dans les cérémonies, tenant à la main la baguette d'ébène garnie d'argent, symbole de l'autorité et de la juridiction ; il prend la parole au nom de ses collègues, et harangue, lorsqu'il y a lieu, les princes et les personnages d'importance qui passent à Limoges. Il préside aussi vraisemblablement les audiences et les assemblées.

Les consuls paraissent avoir été à une certaine époque et au moins par mesure provisoire, désignés par les magistrats sortants de charge mêmes. Mais nous n'avons trouvé aux statuts du xmᵉ siècle paraissant faire allusion à cet état de choses aucune trace de l'intervention des corps de métiers dans l'élection des magistrats du château de Limoges. Ceux-ci sont les mandataires directs des *charrières* ou cantons de la ville (1), habités du reste chacun à l'origine, comme le nom de plusieurs l'indique, par des artisans qu'a groupés la similitude de leurs professions.

Ce groupement disparaît peu à peu ; il est, dès le xivᵉ siècle, permis de constater que l'exercice de la plupart des métiers n'est plus localisé dans une seule partie du Château. Néanmoins, à aucune époque, il ne semble s'être produit à Limoges de mouvement

---

(1) La charrière est la voie principale, l'artère ; on y rattache les ruelles et *charreyrons* qui y débouchent.

analogue à celui qui éclata à Brive et qui amena, vers 1250, à la suite de scènes de violence peu connues du reste, la substitution temporaire, dans cette ville, du groupe professionnel au quartier, comme section électorale et comme organe politique.

Les libertés de la commune ne nous apparaissent pas toujours comme un phénomène anormal, comme une sorte de monstruosité au sein de la société du moyen âge. En beaucoup d'endroits, dans notre région et ailleurs, elles se sont adaptées au cadre de cette société, prenant le caractère d'une institution féodale et devenant en quelque sorte un rouage de cet organisme, un degré de cette hiérarchie. L'affranchissement n'est, pour les communes qui nous occupent, qu'un abandon, un transfert de tout ou partie des droits du seigneur consenti par ce seigneur lui-même, ou une investiture régulière accordée, au détriment de ce dernier, par le seigneur supérieur à la commune. Celle-ci, dans la personne de ses représentants, de ses mandataires, de ses chefs, se trouve substituée aux prérogatives féodales sur les individus qui la composent, sur les immeubles compris dans le périmètre de son territoire, et elle devient seigneur à son tour.

Rien n'est plus instructif et plus concluant à cet égard que le procès-verbal, inséré par l'avocat Etienne Guibert dans ses *Commentaires sur la Coutume de Limoges*, de la remise solennelle du Château aux consuls de cette ville par le sénéchal du roi d'Angleterre Edouard III, le vendredi 5 décembre 1365.

Ce jour-là, un peu avant l'heure ordinaire de l'audience, le sénéchal Thomas de Rooz sort de la cité de Limoges, où il tient ses assises, et fait son entrée dans le Château. Il se dirige aussitôt vers la maison du Consulat, dont le peuple assiège les abords. Dans l'auditoire du petit hôtel de ville, où le Conseil et les notables ont été convoqués, se tiennent les douze magistrats en charge, assistés de notaires qui ont été requis pour dresser le récit authentique de ce qui va se passer. Les consuls exhibent les actes par lesquels les souverains anglais et leurs lieutenants ont confirmé les franchises de leurs concitoyens. On donne lecture à haute voix des lettres du roi Henri III, du 28 janvier 1260, approuvant et homologuant les libertés et coutumes de la ville ; de la *confirmation de Chandos*, lieutenant général d'Edouard III en France, en date du 13 décembre 1360, de celle d'Edouard III lui-même, du 6 juin 1363 et d'un mandement conforme du Prince de Galles, du 24 novembre suivant.

Requis aussitôt par les chefs de la commune de mettre à exécution ces divers actes, le représentant du roi d'Angleterre tend à Etienne Ruaud, un des consuls présents, prévôt en charge sans

doute, la baguette qu'il tient lui-même comme insigne de son autorité, et il l'investit solennellement, au nom du Roi, lui, ses collègues
et la communauté toute entière, de toute juridiction et seigneurie
sur le château et la châtellenie de Limoges, à la seule réserve du
ressort royal et des autres prérogatives souveraines. Puis il prend
le même magistrat par la main, le fait asseoir sur le siège du juge
et lui remet les rôles et registres d'audience, dont il déclare se
dessaisir. Il livre ensuite à Ruaud la clé de l'hôtel de ville, dont la
grande salle ne sera plus l'auditoire du roi d'Angleterre et de ses
officiers, mais celui de la commune et de ses représentants.

Le sénéchal sort ensuite de la maison du Consulat, accompagné
des magistrats, des notaires et du peuple. Le cortège fait halte au
carrefour de l'ancienne Porte Poulaillère. Sur l'ordre du sénéchal,
la trompette sonne et un ban est publié pour annoncer que le roi
d'Angleterre et le Prince de Galles, son fils, ont donné et concédé
aux consuls et à la commune la juridiction pleine et entière du
Château de Limoges. Il est prescrit à tous d'obéir aux officiers
municipaux. Les mêmes publications se font aux autres endroits
accoutumés. Arrivé aux Bancs charniers de la place du Marché, le
sénéchal, toujours en signe de cession et d'investiture, fait toucher
aux consuls un des poteaux qui supportent le toit de la halle. Plus
loin, même formalité pour la remise des étaux où l'on vend le pain.
Les détails sont précis ; les notaires nous font assister à la scène :
elle n'est ni sans caractère ni sans grandeur, et nous l'avions
naguères proposée comme le meilleur sujet à indiquer à un artiste
sérieux, pour la décoration du plafond de la salle des séances, à
l'Hôtel de Ville.

Un statut curieux, adopté dans une assemblée de commune et
juré, le 22 février 1251 v. st., par les magistrats en charge, les conseillers et le peuple, fait connaître à quel système compliqué on
avait recours pour la reddition des comptes des consuls sortant de
charge et pour la désignation de leurs successeurs.

Deux jours avant la saint Pierre de février (chaire de saint Pierre
à Antioche, 22 février), les consuls et les prud'hommes de l'Hôpital
— qui semblent avoir formé un conseil permanent dont les membres, élus par chaque *charrière*, étaient remplacés seulement à
leur décès — s'assemblaient à l'Hôtel de Ville. Cependant, dans
chaque canton, les chefs de maison se réunissaient et faisaient
choix d'un délégué spécial, d'un prud'homme, ayant la confiance
de ses concitoyens. Les huit bourgeois ainsi désignés se ren-
daient aussitôt dans une salle particulière de la maison commune,
et c'est à ces mandataires directs et actuels de la population que

les consuls en fonctions devaient rendre compte sinon de tous les
actes de leur administration, tout au moins de leur gestion finan-
cière. Puis les magistrats se retiraient, et les prud'hommes faisaient leur rapport au Conseil de l'Hôpital demeuré en perma-
nence.

Le 22 février était au Château de Limoges, comme à Saint-
Léonard, comme à Brive, comme dans d'autres villes de la région,
la date fixée pour le renouvellement des chefs de la commune, dont
le mandat ne durait qu'un an et ne pouvait être renouvelé qu'après
une interruption de cinq années. La population avait voulu que de
ferventes prières montassent ce jour-là vers Dieu, pour implorer les
lumières et le secours du Ciel. Plusieurs familles firent des legs
considérables pour que d'abondantes aumônes fussent distribuées
le 22 février aux couvents et aux pauvres. Vers le milieu du
XIIIe siècle, notamment, Simon Borzes et sa femme Aalais laissèrent
une rente représentant plusieurs centaines de francs d'aujourd'hui
pour que mille religieuses de la province reçussent du pain le jour
même de l'élection — *lo jorn qu'om muda los Cossols* — Des prud-
d'hommes nommés par les chefs de la commune étaient chargés de
pourvoir à ces distributions charitables.

Le matin du 22, les consuls invitaient les huit quartiers à faire
choix chacun d'un prud'homme de l'Hôpital. Ces huit notables,
après avoir prêté serment, désignaient deux des consuls en charge,
qui juraient de s'acquitter de leur mandat avec la seule préoccupa-
tion de l'intérêt de la ville et en mettant de côté tout sentiment
personnel. Une tâche délicate incombait à ces deux délégués : ils
avaient à décider par quel quartier le consul assigné à chaque
charrière allait être élu ; car un canton ne nommait jamais le
magistrat qui le représentait dans le corps de ville, et chaque
groupe de la population avait à désigner un consul choisi dans un
autre groupe. Cette répartition faite, les électeurs de chaque charrière étaient successivement appelés et invités à élire un citoyen
pris dans la charrière qui leur était indiquée. Au XIIIe siècle, il semble que tous les chefs de maison participassent directement à cette
nomination ; au XVIe et même au XVe, les prud'hommes qui se réu-
nissent à l'Hôtel de Ville ont tout l'air d'être des électeurs du
second degré, délégués par les citoyens de leur quartier pour procéder à toutes les élections, consulaires ou autres, pendant le cours
d'une année. C'est du moins ce qu'on peut conclure de certains
passages de nos Registres municipaux de 1511 et 1523 : les *cente-
niers* dont il est parlé à ces dates pourraient fort bien avoir été
chargés de la désignation des consuls comme de celles des juges et

des autres officiers de la ville. Au xviᵉ siècle, les électeurs prêtent
le serment de « bien et loyaument, selon Dieu et conscience, élire
ceux qu'ils verront et congnoistront estre ydoines et suffisants ».
A la même époque les consuls en charge, les conseillers et partis-
seurs et quelques notables s'assemblent à l'Hôtel de Ville la veille
de l'élection et arrêtent la *visée* ou listé des prud'hommes qui, dans
chaque quartier, leur paraissent présenter les conditions d'aptitude
et d'honorabilité indispensables pour être consuls. Hors de cette
liste d'éligibles, qui comprend nécessairement un très grand nombre de noms, on ne cherche pas de candidats. Pour l'élection des
consuls, le vote est exprimé à haute voix, et ce mode de procéder
se maintint jusqu'à l'année 1700. A cette époque seulement, le
scrutin secret par billets fut adopté. Nous avons dit qu'il y avait
huit cantons seulement — puis dix — et que, depuis le xiiiᵉ siècle
au moins, les consuls étaient au nombre de douze. Les magistrats,
choisis pour compléter ce nombre, étaient probablement désignés
par leurs collègues : ils portaient le nom significatif de *Creyssensas*.
Aussitôt nommés, les nouveaux magistrats prêtaient serment et
entraient en fonctions. Leur premier acte était de se rendre en
corps au tombeau de saint Martial où ils vénéraient les reliques du
patron de la ville ; le lendemain ils assistaient, revêtus de leurs
insignes, à une messe solennelle du Saint-Esprit, célébrée dans la
basilique.

Il ne faut pas croire que les habitants du Château aient joui en
paix jusqu'à la fin du moyen âge de l'ensemble de libertés indiqué
à cette esquisse. Ils eurent à les défendre tantôt contre l'abbé de
Saint-Martial ou le vicomte de Limoges, tantôt contre le Roi et ses
officiers. Le vicomte, la ville grandissant, avait vu l'abbé accepter
ou même rechercher son appui. Peut-être, lors de l'extension du
périmètre des murailles, des hommes lui appartenant, des fonds
de sa mouvance avaient-ils été englobés dans l'enceinte : devenu le
vassal de l'abbé, à qui il acquitta l'hommage jusqu'en 1363 au
moins, mais à l'autorité duquel il avait, dès le xiiiᵉ siècle, entière-
ment substitué la sienne, il fut l'adversaire le plus acharné et le
plus redoutable de la Commune. Une première fois, en 1202, ce
seigneur avait profité des embarras de Jean sans Terre, protecteur
déclaré de tous les groupes municipaux de la contrée, pour oppri-
mer les bourgeois. Remis en possession de leurs libertés, ceux-ci
n'en jouirent pleinement que peu d'années ; car la défaite du duc
d'Aquitaine et le triomphe définitif de l'influence française rouvrit
au vicomte les portes du Château. Il n'abusa pas cette fois de sa
victoire : le fils de Philippe-Auguste avait ratifié les franchises et

coutumes des habitants, et un certain *modus vivendi*, dans lequel chaque partie trouvait satisfaction, fut établi à cette époque. Il dura quarante ans. Nous ignorons dans quelles circonstances la bonne harmonie fut détruite. Une rupture se produisit en 1252 et les hostilités éclatèrent entre le vicomte Gui VI et la Commune ; elles furent presque aussitôt arrêtées, mais elles recommencèrent à la suite de la restitution, par Saint-Louis au roi d'Angleterre Henri III, de certaines parties du diocèse de Limoges (traité de Paris et de Londres) et surtout de la confirmation, par Henri, des coutumes et privilèges de la ville, dont le texte semble avoir été non seulement refondu, mais précisé et développé en beaucoup de points à cette occasion (1260). L'évêque de Limoges, le roi d'Angleterre, le roi de France s'interposèrent sans succès. Une attaque de vive force, tentée par Gui le 6 janvier 1262, fut repoussée. Il mourut peu après ; sa veuve continua la lutte. Celle-ci dura douze ans. A bout de forces, abandonnés par le roi d'Angleterre qui d'abord les avait soutenus, les bourgeois durent subir les dures conditions d'une sentence rendue le 4 avril 1276 par deux arbitres tout dévoués à la vicomtesse. Le nombre des consuls fut réduit à dix ; encore les habitants du Château ne gardèrent-ils le droit d'en choisir que cinq et ces magistrats durent-ils être agréés par le vicomte. La date des élections municipales fut transférée au lundi de Quasimodo. La maison commune, l'arsenal, les fortifications furent livrés au vicomte à qui les arbitres adjugèrent la voirie, la police, les poids et mesures, le contrôle du monnayage. Les habitants furent assujettis à la taille aux quatre cas. Le Conseil de l'Hôpital, qui avait refusé d'acquiescer à ces humiliantes conditions, fut dissous et supprimé pour toujours. Philippe III homologua l'arrêt qui anéantissait les libertés des bourgeois : il se contenta d'en adoucir quelques articles.

Les vicomtes paraissent avoir rendu à la population quelques-unes de ses franchises ; les marchands de Limoges, grâce à leur travail obstiné, rétablirent la prospérité de leur commerce et obtinrent avec de l'argent bien des atténuations à la sentence de 1276 ; mais ils ne reconquirent leurs libertés qu'après le traité de Brétigny et n'en furent officiellement remis en possession qu'en 1365. Cette fois ils les conservèrent plus de cent ans ; car Charles V, pour obtenir que le Château ouvrit ses portes au maréchal de Sancerre, n'hésita pas à promettre aux bourgeois la confirmation de toutes les franchises, de tous les privilèges concédés par les rois d'Angleterre à la commune et aux consuls ; mais des lettres patentes de Louis XI, données au mois de février 1476, établirent à Limoges un maire en titre d'office et imposèrent aux habitants une constitution municipale calquée sur celles d'un certain nombre de villes, absolument différente de ses anciennes institutions et où la liberté n'avait qu'une bien petite place. Pendant sept ans, les revendications, les plaintes, les démarches, les supplications des habitants du Château, dépouillés de leurs franchises, furent vaines. Après la mort du roi, seulement, la population obtint gain de cause. Au mois de novembre 1483, Charles VIII lui rendit ses consuls et le droit de les choisir. Le jour même, dit-on, de la réception à Limoges des lettres du prince, les bourgeois se réunirent et élurent des magistrats. C'était le 7 décembre 1483, et cette date resta jusqu'en 1760 celle des élections municipales.

A peine remise en possession de ces précieuses libertés, la commune eut à les défendre contre les héritiers des vicomtes qui, depuis plus d'un siècle, fatiguaient les Rois de leurs plaintes et devant toutes les juridictions revendiquaient leurs anciens droits. Les consuls réussirent pendant soixante ans encore à repousser ces prétentions ; ils furent enfin vaincus et un arrêt du Parlement de Paris du 5 septembre 1544 consacra le triomphe définitif des vicomtes. La défaite, toutefois, fut cette fois moins désastreuse et moins complète pour les bourgeois qu'en 1276. Si la justice leur fut arrachée, les consuls conservèrent en fait la police et la population garda le droit d'élire ses magistrats sans l'intervention du seigneur. Mais l'autorité royale et la bureaucratie centralisatrice qui la servait ne les en laissèrent pas longtemps jouir. L'histoire des libertés communales prend fin, à Limoges comme dans bien d'autres villes, dans les premières années du xvii° siècle. Le fisc, qui les guette depuis longtemps et qui déjà les a maintes fois menacées, leur portera le dernier coup. L'esprit municipal, au reste, comprimé, affaibli, combattu, découragé, n'existe pour ainsi dire plus, et c'est sans révolte, sans indignation, sans larmes, presque sans regret et sans protestation que, sous les règnes de Louis XIII et de Louis XIV, les habitants du Château de Limoges se voient dépouiller de leurs dernières libertés.

Limoges, imp. V° H. Ducourtieux, 7, rue des Arènes.